AF454770

TRAITÉ
ET
CONVENTIONS,

Pour les Malades, Bleſſés & Priſonniers de guerre
des Troupes de terre de Sa Majeſté Très-Chrétienne
& de Sa Majeſté Britannique.

NOUS,

LOUIS-JACQUES-CHARLES, Marquis DU BARAIL, Maréchal des camps & armées du Roi, Commandant dans la province de Flandre :

HENRY SEYMOUR CONWAY, Major général des troupes de Sa Majeſté, Colonel d'un régiment de Cavalerie, & l'un des Gentils-hommes de la chambre de Sa Majeſté :

Au nom de Sa Majeſté Très-Chrétienne notre Maître, en vertu du plein-pouvoir à Nous donné ;

Au nom de Sa Majeſté le Roi de la Grande-Bretagne, en vertu du plein-pouvoir qui nous a été donné ;

A

SAVOIR FAISONS, que nous fommes convenus des Articles ci-après énoncés, pour avoir leur pleine valeur & entière exécution entre les Troupes de Leurs Majeftés Très-Chrétienne & Britannique, dans quelque partie du Monde que les armées belligérantes ou auxiliaires des deux Nations fe trouvent ; & en avons paffé le Traité, en vertu des pleins-pouvoirs refpective-ment communiqués, comme il s'enfuit.

ARTICLE PREMIER.

TOUS les Prifonniers de guerre, de quelque qualité, efpèce & condition qu'ils puiffent être, fans aucune réferve, qui ont été faits depuis la préfente guerre entre les Troupes de terre des deux Puiffances, & dans quelque pays que ce foit, feront échangés ou rançonnés dans l'efpace d'un mois, à commencer du jour de la fignature du préfent Cartel, ainfi qu'il fera plus amplement expliqué dans l'article XXIV ; & M.^{rs} les Généraux refpectifs commandant les armées belligérantes & auxiliaires, dans quelque partie du Monde que ce foit, conviendront entre eux de l'endroit où fe fera réciproquement le premier échange ou rançon des Prifonniers qu'on fe rendra de part & d'autre.

II.

TOUS les Prifonniers de guerre defdites Troupes, fans aucune réferve, qui feront faits de part & d'autre, après le premier échange ou rançon, feront rendus de bonne foi quinze jours après leur détention, ou auffi-tôt que faire fe pourra, par échange de prifonniers de pareilles charges ou équiva-lences, ou autres, en faifant compenfation du plus au moins, ou payeront leurs rançons fur le pied qu'elles feront ci-après marquées, favoir en florins d'Allemagne à compter à foixante creutzers de part & d'autre, faifant deux livres dix fols argent

de

de France, ou deux fchelings deux fols & un liard argent d'Angleterre.

I I I.

IL fera tenu un livre des Prifonniers faits dans les armées belligérantes & auxiliaires, dans lequel il fera marqué le nombre qui fera renvoyé de part & d'autre dans chaque mois, afin qu'au premier du fuivant il foit envoyé de chaque côté un état de ce qui aura été reçû & rendu, pour que huit jours après il foit payé exactement & fans difficulté le nombre excédant qu'un parti devra à l'autre : l'on comptera auffi des avances qui auront été faites auxdits Prifonniers, pour qu'elles foient rembourfées en même temps, & que tous les comptes foient arrêtés, fans qu'ils puiffent être portés au mois fuivant ; & au premier échange ou rançon defdits Prifonniers, de part & d'autre, on fe liquidera de toutes les avances qui leur auront été faites, fur des états valables qui feront produits.

I V.

TOUTES les fois qu'il fera renvoyé des Prifonniers d'une part ou d'autre, on y joindra un état qui fera remis au Commandant du lieu où ils auront été conduits, lequel donnera un reçû de la quantité & qualité qu'il recevra, pour être compté chaque mois, ainfi qu'il eft dit ci-deffus.

V.

ET afin qu'il n'arrive aucune conteftation ni difficulté, tant par rapport aux poftes & qualités des Officiers de part & d'autre, que des rançons qui devront être payées pour chacun d'eux ; il a été eftimé à propos d'y fpécifier ci-après les poftes & charges qui font dans les armées belligérantes & auxiliaires, & marquer le prix d'icelles.

A ij

4

VI.

Charges & Officiers servant dans les Armées & garnisons de Sa Majesté Très-Chrétienne.	Florins d'Allemagne.	*Charges & Officiers servant dans les Armées & garnisons de Sa Majesté Britannique.*	Florins d'Allemagne.
Général d'Armée ou Maréchal de France	25000.	Capitaine général ou Feldt-Maréchal	25000.
Lieutenant général commandant l'armée en chef . . .	20000.	Commandant général en chef.	20000.
Lieutenans généraux . . .	5000.	Général de Cavalerie ou d'Infanterie	10000.
Grand-Maître d'Artillerie .	6000.		
Maréchaux-de-camp . . .	1500.	Lieutenant général	5000.
Colonel général de la Cavalerie	2000.	Maître de l'Artillerie . . .	6000.
Colonel général des Dragons	1500.	Général-major	1500.
Mestre-de-camp général de la Cavalerie	1500.	Commissaire général . . .	3000.
Mestre-de-camp général des Dragons	1000.	Vice-commissaire général . .	250.
Commandant de la Cavalerie	1500.	Adjudant général	500.
Commissaire général de la Cavalerie	1000.	Vice-adjudant général . . .	100.
Un Intendant d'armée ou de province	3000.	Quartier-maître général . .	500.
Leurs Subdélégués ou Ordonnateurs des guerres . .	250.	Vice-quartier-maître général.	100.
Le Général des vivres . .	300.	Major de brigade	150.
Major général d'Infanterie. .	500.		
Maréchal général des logis. .	500.		
Maréchal général des logis de la Cavalerie	100.		

	Florins d'Allemagne.		Florins d'Allemagne.
Majors de brigade, tant de Cavalerie, Dragons, qu'Infanterie	150.		
Aides-de-camp	150.	Aides-de-camp	150.
Trésorier général de l'Extraordinaire des guerres . .	250.	Vice-maître général de la paye	250.
Le principal Commis de l'Extraordinaire des guerres dans chaque armée . . .	150.	Son représentant ou Commis principal	150.
Les autres Commis de l'Extraordinaire des guerres .	50.	Autres Commis subalternes ou assistans	50.
Brigadiers de Cavalerie ou de Dragons	900.	Brigadier	900.
Brigadiers d'Infanterie . . .	700.		
Commissaires des guerres . .	150.		
Inspecteurs d'Infanterie, Cavalerie ou Dragons . . .	150.		
Principal Commis des vivres.	150.	Maître général des chariots.	50.
Les autres moindres Commis, & Contrôleurs des vivres des armées & places . .	50.	Capitaine des Guides . . .	50.
Le Capitaine-vaguemestre .	50.	Assistans du Quartier-maître général, du Commissaire général, du Maître général des chariots, & du Capitaine des Guides . . .	25.
Le Capitaine des Guides . .	50.		
Les Guides à cheval de leurs compagnies, seront traités comme dans la Cavalerie.			

V I I.

GENDARMERIE.		*GARDES A CHEVAL & GRENADIERS.*	
	Florins d'Allemagne.		Florins d'Allemagne.
Le Brigadier de la Gendarmerie	550,	Capitaine d'une compagnie de la Garde à cheval . .	1000.

A iij

	Florins d'Allemagne.		Florins d'Allemagne.
Le Capitaine des Gardes-du-corps de Sa Majesté . .	1000.		
Le Capitaine-lieutenant des Gendarmes de la Garde .	1000.	Capitaine & Colonel d'une compagnie de Grenadiers de la Garde	1000.
Le Capitaine-lieutenant des Chevaux-légers de la Garde	1000.		
Les Capitaines-lieutenans des deux compagnies de Mousquetaires	1000.	Premier Lieutenant de la Garde à cheval	600.
Le Lieutenant de la Garde-du-corps du Roi	1000.		
Le Sous-lieutenant des Chevaux-légers de la Garde. .	1000.	Lieutenant-colonel des Grenadiers de la Garde . . .	600.
Les Sous-lieutenans des deux compagnies de Mousquetaires	1000.	Second Lieutenant de la Garde à cheval	500.
Les Enseignes des Gardes-du-corps du Roi	500.	Major des Grenadiers de la Garde	500.
L'Enseigne & Guidon des Gendarmes de la Garde. .	500.		
Les Enseignes & Cornettes des Mousquetaires . . .	500.	Cornette de la Garde à cheval.	500.
Les Cornettes des Chevaux-légers de la Garde . . .	500.	Adjudant de la Garde à cheval.	150.
Le Major des Gardes-du-corps du Roi	300.		
Les deux Aides-majors des Gardes-du-corps du Roi.	150.		
Le Capitaine des Gardes de M.ᵍʳ le Duc d'Oléans. .	1000.		
Le Lieutenant des Gardes de M.ᵍʳ le Duc d'Orléans.	300.		
Les Capitaines-lieutenans de la Gendarmerie	750.		

Les

Florins d'Allemagne.

Les Sous-lieutenans des compagnies des Gendarmes .   375.

Les Enseignes & Guidons des compagnies des Gendarmes . . . . 250.

Les Capitaines-lieutenans des Chevaux-légers de la Gendarmerie . . . . 500.

Les Sous-lieutenans des Chevaux-légers . . . . 250.

Les Cornettes des Chevaux-légers . . . . 150.

Le Major de la Gendarmerie. 250.

L'Aide-major de la Gendarmerie . . . . 125.

Les Sous-aides-majors de la Gendarmerie. . . . . 62½.

Les Exempts des compagnies des Gardes-du-corps, & Maréchaux-des-logis de toutes les compagnies ci-dessus, les Brigadiers, Sous-brigadiers, Gardes-du-corps, Mousquetaires, Gendarmes & autres desdites compagnies ci-dessus, payeront un mois de leurs appointemens.

Et à l'égard de la compagnie des Grenadiers à cheval de la Maison du Roi, les Officiers & Grenadiers de ladite compagnie, payeront un mois de leurs gages.

Florins d'Allemagne.

Guidon de la Garde à cheval. 300.

Exempts de la Garde à cheval. 250.

Lieutenant & Capitaine, ou Guidon des Grenadiers de la Garde . . . . 250.

Brigadiers de la Garde à cheval, ou Sous-lieutenant des Grenadiers de la Garde . . . . 150.

Adjudant des Grenadiers de la Garde . . . . 125.

Les Sous-brigadiers, Quartier-maître, Sergens, Caporaux, Trompettes, Timbaliers, Tambours, Hautbois & simple Soldat, tant de la Garde à cheval, que des Grenadiers de la Garde, payeront un mois de leur paye.

VIII.

GARDES-FRANÇOISES & SUISSES.

Le Colonel des Gardes françoises . . . . 1500.

GARDES A PIED.

Colonel de la Garde à pied . 1500.

	Florins d'Allemagne.
Le Lieutenant-colonel . . .	750.
Le Major	300.
Les Capitaines	150.

Les Lieutenans, Aides-majors, Sous-lieutenans, Enseignes & autres jusqu'aux Soldats compris, payeront un mois de leur solde.

Les Prevôts & Lieutenans des Prevôts, Maréchaux des logis & Archers de la Prevôté des Gardes, payeront un mois de leur solde.

	Florins d'Allemagne.
Le Colonel général des Suisses	600.
Le Colonel des Gardes Suisses	300.

Les Capitaines-lieutenans, & autres Officiers & Soldats des Gardes-Suisses, payeront de même que les Gardes-françoises.

	Florins d'Allemagne.
Lieutenant-colonel	750.
Major	300.
Capitaine	150.

Les Lieutenans, Quartier-maître, Adjudant, Enseignes & autres jusqu'au simple Soldat inclusivement, donneront un mois de leur paye.

I X.

I N F A N T E R I E.

	Florins d'Allemagne.
Colonel d'Infanterie	600.
Lieutenant-colonel	300.
Majors	120.
Capitaines	70.
Aides-majors ou Adjudans .	30.
Lieutenans	24.
Enseignes ou Sous-lieutenans.	20.
Sergens	10.
Caporaux, Anspessades, Tambours, Fifres, Hautbois & Soldats	4.

I N F A N T E R I E.

	Florins d'Allemagne.
Colonel	600.
Lieutenant-colonel	300.
Major	120.
Capitaine	70.
Adjudant	30.
Quartier-maître	30.
Lieutenans	24.
Second Lieutenant ou Enseigne	20.
Sergent	10.

9

	Florins d'Allemagne.
Les Prevôts des Régimens & les Maréchaux-des-logis, payeront chacun. .	15.
Les Lieutenans des Prevôts.	5.
Leurs Archers & Greffiers, chacun	$2\frac{1}{2}$.

L'Infanterie étrangère, ou les régimens des provinces ou Milices, feront traités comme l'Infanterie françoife, tant pour l'Officier que pour le Soldat.

	Florins d'Allemagne.
Caporal, Tambour, Fifre & fimple Soldat	4.

X.

CAVALERIE, CARABINIERS & HUSSARDS.

	Florins d'Allemagne.
Meftre-de-camp ou Colonel de Cavalerie	700.
Lieutenant-colonel	300.
Major	150.
Capitaine	100.
Lieutenant	40.
Cornettes ou Lieutenans réformés	30.
Aide-major	40.
Maréchal-des-logis d'une compagnie	14.
Trompettes ou Timbaliers.	10.
Brigadiers, Cavaliers, Selliers & Maréchaux	7.

Toutes les troupes françoifes, tant Officiers que Soldats du ban & arrière-ban, & de Milices, feront traités comme la Cavalerie, fi elles font à cheval, ou comme l'Infanterie, fi elles font à pied.

CAVALERIE.

	Florins d'Allemagne.
Colonel	700.
Lieutenant-colonel	300.
Major	150.
Capitaine	100.
Lieutenant	40.
Adjudant	40.
Cornette	30.
Quartier-maître	14.
Timbalier & Trompette . .	10.
Caporal, Maréchal & Cavaliers	7.

A v

X I.

<table>
<tr><td>

D R A G O N S.

Le Colonel, Lieutenant-colonel, Major & Capitaines payeront leur rançon sur le pied de la Cavalerie ; les Officiers au dessous du Capitaine jusqu'aux simples Dragons, payeront comme l'Infanterie.

</td><td>

D R A G O N S.

Le Colonel, Lieutenant-colonel, Major & Capitaines payeront leur rançon comme Officier de Cavalerie ; tous ceux qui sont au dessous du rang de Capitaine jusqu'au simple Dragon, inclusivement, payeront comme l'Infanterie.

</td></tr>
</table>

X I I.

<table>
<tr><td>

A R T I L L E R I E.

Florins
d'Allemagne.

Lieutenant - général d'Artillerie de France. . . . . . 700.

Les Capitaines & autres Officiers des compagnies d'Ouvriers, ainsi que les Charrons, Boureliers, Artificiers, Maréchaux & autres Ouvriers desdites compagnies, de même que les conducteurs des charrois d'Artillerie, payeront un mois de leur solde.

</td><td>

A R T I L L E R I E.

Florins
d'Allemagne.

Lieutenant - général de l'Artillerie . . . . 700.

Les Commissaires & autres Officiers, comme aussi les Charpentiers, Charrons, Boureliers, Artificiers, Forgerons & Maréchaux payeront un mois de leur paye.

</td></tr>
</table>

X I I I.

<table>
<tr><td>

RÉGIMENT ROYAL - ARTILLERIE.

Le Colonel commandant un bataillon dudit régiment, le Lieutenant-colonel, le Major & les autres Officiers seront traités comme l'Infanterie françoise, ainsi que les Canonniers, Bombardiers & Fusiliers desdits bataillons.

Les Officiers détachés des bataillons dudit régiment, sans troupe pour faire le service des places, ou qui y seront attachés par leur retraite, payeront un mois de leur solde.

</td><td>

RÉGIMENT ROYAL - ARTILLERIE.

Les Feld-Officiers & autres Officiers du régiment Royal-artillerie, seront traités & payeront, suivant leur rang, comme Officiers d'Infanterie, & les Bombardiers, Canonniers & simples Soldats d'Artillerie, comme les Soldats du régiment d'Infanterie.

</td></tr>
</table>

X I V.

COMPAGNIES DE MINEURS.	MINEURS.
Les Officiers & Soldats defdites compagnies payeront un mois de leur folde.	Tant les Officiers que les Soldats payeront un mois de leur paye.

X V.

INGÉNIEURS.

INGÉNIEURS.	Florins d'Allemagne.	INGÉNIEURS.	Florins d'Allemagne.
Ingénieur-général de France.	150.	Ingénieur en chef	150.
Les Ingénieurs en chef des armées, villes & provinces	75.	Ingénieur principal dans les armées ou dans les places.	75.
Tous autres Ingénieurs, fervans dans les armées ou garnifons	50.	Tous les autres Ingénieurs.	50.
Les Entrepreneurs des fortifications	25.	Infpecteur des fortifications.	25.
Les Piqueurs, ou autres Employés dans les fortifications	15.	Leurs Affiftans	15.

X V I.

COMPAGNIES - FRANCHES DE DRAGONS & D'INFANTERIE.	MILICES, COMPAGNIES-FRANCHES, TANT DE CAVALERIE QUE D'INFANTERIE.
Les Officiers en pied & réformés defdites compagnies, les Dragons & Soldats qui les compofent, feront échangés d'homme & de cheval pour homme de fon efpèce; il en fera ufé de même pour l'Infanterie; & pour leur rançon, au défaut d'échange, ils payeront, tant Officiers en pied que réformés, Dragons & Soldats, un mois de leurs appointemens ou folde.	Tous les régimens de Milices, ou troupes des provinces, comme auffi toutes les compagnies - franches de Cavalerie, Dragons ou Infanterie, feront traités & payeront leur rançon, auffi-bien les Officiers que les fimples Soldats, fuivant leur rang, de la même manière que les troupes réglées, de même efpèce & dénomination refpectivement.

X V I I.

LES Gouverneurs, Commandans, Lieutenans de Roi, Majors, Aide-majors, Capitaines des portes de places, payeront de part & d'autre pour leur rançon un mois de leurs appointemens; & s'il arrive qu'ils aient d'autres charges dont ils tirent actuellement des appointemens plus hauts, payeront sur le pied de ladite charge : Et d'autant qu'aucuns Lieutenans de Roi, Commandans ou Majors de places ne tirent aucuns appointemens en cette qualité, leurs rançons seront réglées sur le pied de la plus haute charge qu'ils exercent.

X V I I I.

TOUS ceux qui exercent différentes charges, payeront leur rançon sur le pied de la plus haute charge qu'ils possèdent, & à proportion d'icelle seront échangés, ou payeront leur rançon sur le pied qu'il est dit; sans que de part ou d'autre on puisse répéter à un Officier fait prisonnier, un échange ou une rançon plus forte que sur le pied du grade dans lequel il étoit employé à l'armée ou dans les places.

X I X.

TOUS autres Officiers qui pourroient avoir été oubliés dans ce Cartel, seront relâchés dans quinze jours, en payant un mois de leurs appointemens; & s'il y avoit quelques contesta-tions touchant la qualité ou appointemens de quelques Offi-ciers prisonniers, on s'en rapportera de part & d'autre au certi-ficat du Général de l'armée ou Commandant de la province, ou du Gouverneur de la place la plus voisine.

X X.

TOUS les Officiers réformés ne payeront qu'un mois des appointemens dont ils jouissent.

X X I.

Les Volontaires fervant dans les armées, qui n'auront aucun grade, feront renvoyés de part & d'autre fur le champ, & auront la liberté de continuer à fervir dans les armées où ils font attachés; mais ceux qui ont des grades, feront échangés comme les troupes defdites armées.

X X I I.

Le Prevôt général, fes Lieutenans & autres Officiers & Gardes de la Connétablie; l'Auditeur général, fon Lieutenant, le Stabs-auditeur & autres; les Directeurs, Secrétaires & Chancelliftes des chancelleries de guerre, Secrétaires des Généraux & Intendans, des Tréforiers, du Commiffariat général, & autres Secrétaires; les Aumôniers, Miniftres, Maîtres des poftes, leurs Commis, Courriers & Poftillons, Médecins, Chirurgiens, Apothicaires, Directeurs, & autres Officiers fervant dans les hôpitaux ou armées, les Écuyers, Maîtres d'hôtel, Valets-de-chambre, & tous autres Domeftiques, ne feront point fujets à être faits prifonniers de guerre, & feront renvoyés le plus tôt poffible.

X X I I I.

Les Valets faits prifonniers, feront renvoyés de part & d'autre, fans aucune difficulté; ceux qui déferteront fans avoir pris ni volé dans l'armée qu'ils quitteront, pourront jouir du paffeport qu'on voudra bien leur accorder: par rapport aux voleurs, le vol doit toûjours être reftitué, fans les renvoyer; mais les Généraux refpectifs feront toûjours les maîtres de le faire, en cas de meurtre ou d'affaffinat.

Quant aux vols faits par les Soldats déferteurs, ils feront reftitués, fans qu'on puiffe exiger le renvoi defdits déferteurs fous quelque prétexte que ce foit, s'en remettant de part & d'autre à la volonté refpective des Généraux, pour les déferteurs qui auront commis des meurtres ou autres crimes.

Tous Déferteurs, Domeftiques ou autres qui pafferont d'un parti à l'autre, feront arrêtés aux premiers poftes, où le Commandant aura grande attention de les faire fouiller & de faire mettre par écrit les effets dont ils feront munis, fans permettre qu'ils puiffent rien vendre ni donner; après quoi il les fera conduire à fon Général, où lefdits Déferteurs, Domeftiques ou autres feront détenus pendant trois jours, afin que s'ils fe trouvent être voleurs, on puiffe de part & d'autre avoir le temps de les réclamer.

X X I V.

LES échanges & rançons des Prifonniers, tant dans le premier que dans les fuivans, fe feront homme pour homme & Officier pour Officier, à charge égale, jufqu'à ce qu'il ne fe trouve plus de Prifonniers dans les armées ou dans les prifons; & après que tous les échanges auront été faits de tout ce qui fe trouvera d'Officiers pour Officiers, & de Cavaliers, Dragons & Soldats pour autant d'hommes de femblable efpèce; s'il fe trouve alors que l'un des deux partis ait de refte plus d'Officiers que de Soldats, ou plus de Soldats que d'Officiers, il lui fera permis de donner des Officiers pour des Cavaliers, Dragons ou Soldats, fuivant le tarif inféré dans le préfent Cartel; & après que tous les échanges auront été faits en la manière ci-deffus, fi l'un des deux partis fe trouve avoir des Prifonniers de refte, qui n'auront pû être échangés, l'autre parti pourra les retirer en payant leur rançon, & pour cet effet il fera donné de part & d'autre un état de la quantité & qualité des Prifonniers qui auront été faits, tant dans les combats

&

& rencontres, que dans les villes, châteaux & places qui auront été prises.

X X V.

Qu'il fera donné à chaque Prifonnier de guerre la ration de pain telle que lefdites troupes la reçoivent, & trois creutzers & trois cinquièmes, faifant trois fols argent de France, ou un fol & vingt-trois quarantièmes de fol argent d'Angleterre, par chaque jour : Il fera permis refpectivement de leur envoyer des fecours; & dans les lieux de dépôt defdits Prifonniers, il fera libre à chaque Général commandant les armées, d'y faire tenir un Officier ou Commiffaire des guerres avec un paffeport, pour pourvoir aux fecours qui feront donnés aux Prifonniers.

Il fera fait un décompte chaque mois du pain qui aura été donné aux Prifonniers de part & d'autre, pour que celui qui fera redevable à l'autre ait à le rembourfer fans difficulté; & le pain qui fera excédant fera payé à raifon de deux creutzers & un tiers de creutzers, ou de vingt-trois deniers & un tiers de denier argent de France, ou un fol & un cinquantième de fol argent d'Angleterre, ladite ration.

Il fera pareillement fait un décompte, à la fin de chaque mois, des fommes fournies de part & d'autre pour le prêt convenu pour chaque Prifonnier, & la fomme redûe de part ou d'autre fera rembourfée, comme il eft dit ci-deffus; promettant réciproquement de mettre les Prifonniers dans des lieux honnêtes, avec de la bonne paille qu'on aura foin de rafraîchir de huit en huit jours.

X X V I.

Qu'on prendra foin des bleffés de part & d'autre; qu'on

payera les médicamens & leur nourriture; que les frais feront reftitués de part & d'autre; qu'il fera permis de leur envoyer des Chirurgiens, & leurs domeftiques avec des paffeports des Généraux; qu'au furplus, ceux qui auront été faits Prifonniers, auffi-bien que ceux qui ne le feroient pas, feront renvoyés fous la protection & fauvegarde des Généraux, avec liberté d'être tranfportés par eau ou par terre, fuivant la plus grande commodité & convenance des lieux où l'on fera, & par le plus court chemin; à condition toutefois, que ceux qui ont été faits prifonniers ne ferviront pas qu'ils ne foient échangés ou rançonnés.

X X V I I.

QUE les Malades de part & d'autre ne feront point faits Prifonniers, qu'ils pourront refter en fûreté dans les hopitaux, où il fera libre à chacune des Parties belligérantes & auxiliaires de leur laiffer une garde, laquelle, ainfi que les malades, feront renvoyés fous des paffeports refpectifs des Généraux, par le plus court chemin, & fans pouvoir être troublés ni arrêtés.

Il en fera de même des Commiffaires des guerres, Aumôniers, Médecins, Chirurgiens, Apothicaires, Garçons infirmiers, Servans ou autres perfonnes propres au fervice des Malades, lefquels ne pourront être faits prifonniers, & feront pareillement renvoyés.

X X V I I I.

LES Sauvegardes jouiront de part & d'autre d'une entière fûreté, & dans le cas où elles fe trouveroient trop près des Armées, elles feront renvoyées fans qu'il leur foit fait aucune violence ni mauvais traitement.

X X I X.

ON ne forcera, en aucune manière, les Priſonniers à s'enrôler.

X X X.

IL ſera permis aux Priſonniers de donner avis de leur détention, par une lettre ouverte.

X X X I.

IL ſera accordé de part & d'autre des paſſeports aux Maîtres-d'hôtel des Généraux, pour aller chercher des proviſions, à la condition qu'ils n'approcheront pas des Places fortes & des Armées reſpectives, plus près de deux lieues.

X X X I I.

S'IL arrivoit qu'il y eût quelque Officier dont la rançon ne fût pas réglée par le préſent Cartel, ou qu'il ſurvînt quelque difficulté, on en conviendra de part & d'autre; & ce qui ſera réſolu, ſera obſervé & tenu pour être inféré dans le préſent traité, ſuivant les certificats qui en feront donnés par les Généraux des armées, ou les Gouverneurs & Commandans des places.

X X X I I I.

ET pour pleine & entière exécution du préſent Cartel, nous l'avons ſigné, & y avons mis le ſceau de nos armes, lequel ſera de pleine valeur, pour être inviolablement obſervé, tout ainſi que s'il étoit ſigné de Leurs Majeſtés nos Souverains; & pour plus grande aſſurance, après en avoir obtenu le pouvoir de Leurs Majeſtés, nous déclarons qu'il ſera même par Elles ratifié, s'il eſt jugé néceſſaire, à la première réquiſition de l'une ou de l'autre de Leurs Majeſtés. FAIT à l'Écluſe en Flandre, le ſixième février mil ſept cent cinquante-neuf.

Signé LOUIS-JACQUES-CHARLES, Marquis DU BARAIL. Et HENRY SEYMOUR CONWAY.

A PARIS,
DE L'IMPRIMERIE ROYALE.

M. DCCLIX.

www.ingramcontent.com/pod-product-compliance
Lightning Source LLC
LaVergne TN
LVHW011506170726
843501LV00009B/3640